La primera disculpa es la peor

Acabemos de una vez

Jimmy Huston

Ojalá no necesitaras este libro.

Pero lo necesitas.

Lo siento.

¿Lo ves? Eso es todo.

Algo así.

Sólo di que lo sientes, y puedes tirar este libro.

Cosworth Publishing
21545 Yucatan Avenue
Woodland Hills CA 91364
www.cosworthpublishing.com

Para más información sobre este consentimiento,
escríbanos a *office@cosworthpublishing.com.*

Dedicado a Clementia
Diosa del Perdón

Sí, has hecho o dicho *algo*.

Y alguien pensó que era bastante malo.

Ahora estás recibiendo un poco de calor.

Malas vibras.

Y no van a desaparecer.

Puede que tengas
(o hayas tenido) razón.

Esto es lo peor. Puede que estés
(o hayas estado) equivocado.
Esto es lo peor.

¿Así que tienes algún tipo de disputa?

Eso nunca es bueno, pero algunas disputas son peores que otras.

Si tu desacuerdo es con alguien que va a volver a aparecer en tu vida, sobre todo si es alguien a quien vas a necesitar, tienes que llegar a un acuerdo.

Uno o los dos están enfadados.

Las cosas no están mejorando y, de hecho, probablemente estén empeorando.

Seguro que no vas a *disculparte*.

¿Por qué deberías hacerlo?

Buena pregunta. ¿Por qué?

Así es como empiezan algunas guerras. Concedido, esto no va a crecer a una guerra a gran escala, pero las cosas no van tan bien para usted ahora, ¿verdad?

¿Por qué disculparse?

Porque sí.

Tienes una disputa con alguien que es importante en tu vida y con quien seguirás teniendo contacto, te guste o no.

Este problema va a teñir todas las situaciones con esa persona. Va a empeorar con el tiempo, no a mejorar.

En cierto modo, necesitas a esa persona. O algún día la necesitarás.

Cuanto más esperes para arreglar esto, peor será.

Realmente no quieres disculparte, pero...

Romeo y Julieta

¿Y si los Capuleto y los Montesco hubieran arreglado las cosas?

Imagina que alguien de cualquiera de las dos familias se hubiera disculpado.

Estos dos amantes legendarios no se habrían suicidado (y no tendríamos que ver la obra de Shakespeare sobre ellos).

Alexander Hamilton y Aaron Burr

¿Y si Hamilton simplemente se hubiera disculpado con Burr en lugar de recibir un disparo? *Ambos* podrían haber bailado felices en el final de la obra de Broadway. Habría tenido un final completamente diferente. Como él.

Julio César

Si César se hubiera disculpado ante el Senado romano
por cruzar el Rubicón, quizá los "idus de marzo"
habrían tenido un significado completamente distinto.

Custer y Toro Sentado

Si el teniente coronel Custer se hubiera disculpado con el jefe Toro Sentado, aún estaría vivo. Bueno, tal vez no vivo, pero sin duda habría vivido más de lo que vivió. (Sólo que no sería tan famoso).

Probablemente hubo uno o dos momentos incómodos para él en Little Bighorn en los que habría cambiado gustosamente su fama por unos pocos años más en la Tierra.

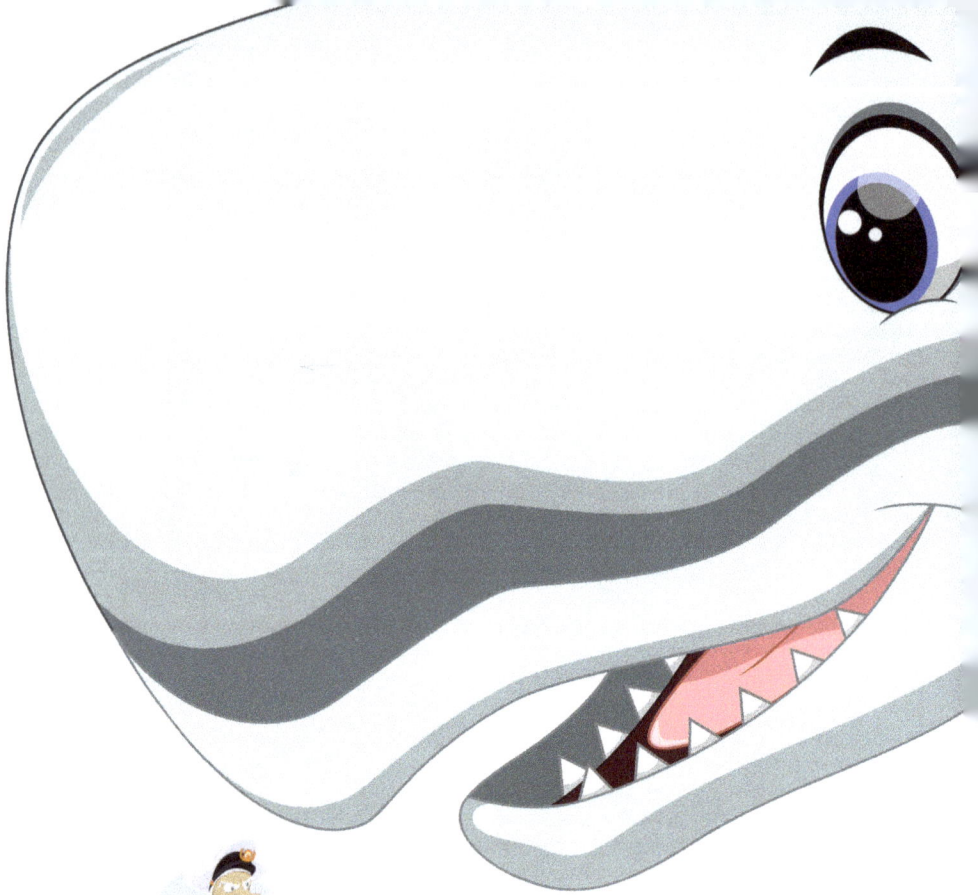

Moby Dick

Si el capitán Ahab hubiera dejado de perseguir a
la ballena blanca por todo el océano, y se hubiera
disculpado por todas esas molestias, quizá no se habría
hundido como el Titanic. Podrían haber sido compañeros
de pesca, como Pinocho y su ballena, o Jonás y la suya.

Caperucita Roja y el Lobo Feroz

Si el Lobo Feroz simplemente se hubiera disculpado con Caperucita Roja (y con su Abuela) podrían haberse hecho amigos, y el Leñador no habría tenido que matarlo.

King Kong y Godzilla

Si el simio gigante se hubiera disculpado con el lagarto gigante, ciudades enteras de Japón no habrían sido destruidas innecesariamente.

Y juntos podrían haber fundado el superzoo más grande
y gigantesco del mundo.

Podrían haber sido amigos.

Pero noooooooo.

Incluso el Jardín del Edén

Quizá Adán y Eva deberían haberse disculpado por lo de la manzana. Eso nos habría ahorrado al resto muchos problemas a lo largo de los años.

¿Y Satanás?

¿No debería disculparse por *TODO*?

Hay muchos nombres diferentes para la persona con la que tienes un problema.

Enemigo. Este término casi nunca se utiliza, es demasiado obvio.

Oponente. No está mal.

Adversario. No es suficientemente insultante.

Antagonista. Demasiado pretencioso.

Malo. Demasiado simple.

Agraviado. Demasiado elegante.

Tonto. Ahora estamos llegando a alguna parte.

También hay algunas malas palabras. Eso es otro libro.

¿Pero con quién sueles enfadarte?

Padres.

Madres. Padres. Problemas.

Y no hay salida.

No hay nadie que pueda hacerte estallar más rápido que
un padre. Claro, han sacrificado mucho por ti, pero aun
así....

Si eres un niño, tus padres son más grandes que tú y
controlan casi todo en tu vida. ¿Por qué querrías que se
enfadaran contigo?

Te guste o no, los necesitas para muchas cosas. Comida. Paseos. Dinero. Realmente tienen todas las cartas. Por ahora, será mejor que te acostumbres a disculparte.

En la mayoría de las familias debería haber un montón de disculpas volando en ambas direcciones en todo momento. Pero, por alguna razón, no hay nada más difícil o desagradable que la idea de disculparse con *ellos*. Lo más inteligente es acabar de una vez. Van a ser tus padres durante mucho, mucho tiempo, y vas a necesitar su ayuda durante todo el camino. Hazlo.

(Con el tiempo, tendrás la oportunidad de poner a mamá y papá en un hogar. Hasta entonces, di que lo sientes).

Hermanos

¡Awww-ratas!

¿Incluso hermanos?

Eso es llevar las disculpas demasia
lejos.

Acéptalo. Si tienes hermanos, tiene
problemas.

Los hermanos son lo peor.

Si tienes ambos—

Las hermanas son lo peor.

—¡*eso* es lo peor!

Los rivales

(Sería descortés utilizar el término "enemigos"—pero ya te haces una idea).

Son las personas a las que menos quieres pedir perdón.

Ellos ya piensan que tienen razón y que tú estás equivocado en todo.

Tú sabes que es exactamente lo contrario pero—

—una disculpa les hará olvidarse de ti. Ciertamente no va a bajar su opinión de ti. Tal vez dejen de fijarse en ti y en las cosas que haces. Tal vez incluso te dejen en paz.

En cierto modo, una disculpa te da moral.

Lo odiarán.

Matones

Nunca deberías tener que disculparte con un matón. Nunca.

Pero lo harás. A menos que ganes la pelea.

Una disculpa podría ser la forma inteligente de salir de una mala situación.

Si una pelea fuera a solucionarlo, el matón no se metería contigo.

Compañeros

¿Por qué tienes que disculparte con tus amigos? Porque los necesitas. Necesitas a alguien que te entienda y te aguante. Además, de todas formas, no se acordarán.

Con los amigos de verdad, nunca deberías tener que disculparte. Pero lo harás. Junto con la familiaridad vienen los tipos de intrusiones y revelaciones que pueden sacudir las amistades hasta la médula.

No te preocupes por quién tiene razón y quién no. Acaba de una vez.

Así puedes volver a jugar, pasar el rato o lo que fuera que les gustara hacer juntos antes de enfadaros.

Compañeros

No tus amigos, sino todos los que están a tu nivel. Compañeros de clase, chicos del barrio, primos, compañeros de equipo....

De una forma u otra, todos te harán enfadar en algún momento.

Te costaría mucho trabajo vengarte de todos ellos.

Es mucho más fácil disculparse.

Los profesores

Estarás pegado a cada profesor durante bastante tiempo, y si quieres pasar al siguiente nivel en tu carrera escolar, tienes que llevarte bien—o al menos *parecer* que te llevas bien.

No es fácil engañar a los profesores, pero te seguirán el juego. Tienen muchos otros niños con los que lidiar. Lo único que quieren es acabar de una vez por todas—sea lo que sea.

Directores

Si no puedes disculparte con tu profesor, acabarás llegando, así que mejor prepárate.

Oponentes

Las porras lo dicen todo. ¡Véncelos! ¡Aplástalos! ¡Pégales fuerte!

Se supone que te pasas partidos enteros intentando humillar al otro equipo y, de repente, tienes que darle la mano. Eso está mal, sobre todo después de todo lo que te han gritado.

Entrenadores

No tienes que pedir disculpas a los entrenadores—
nunca. A menos que ese entrenador tenga el poder de
hacerte correr. O hacer flexiones. A menos que decida
quién juega en cada posición. A menos que decida
quién juega y quién se sienta en el banquillo.

No tienes que querer a todos los entrenadores. Pero
no quieres que tu entrenador se enfade contigo. No
querrás que tu entrenador sienta que tiene que darte
una lección.

Amantes

Quizá no necesites esta página, pero la necesitarás.
Será mejor que empieces a trabajar en ella ahora. Con
la intimidad vienen todas las cosas que vienen con la
intimidad. Y no todas son buenas.

Las relaciones significan que vas a pasar mucho más
tiempo con alguien especial, y no puedes engañarte
el uno al otro para siempre. Uno de los dos tendrá un
desliz.

No hace falta mucho. Un cumplido que no se esperaba.
Una mala elección de cualquier cosa, desde películas
hasta pasos de baile. Alguien llegó tarde. Alguien cogió
una patata frita sin preguntar. Alguien no llamó cuando
debía. Alguien sonrió (y tal vez coqueteó) con alguien
con quien no debería haberlo hecho. Demasiado de
algo. Demasiado poco de otra cosa. Uf.

Policías

Pasara lo que pasara, prepárate para disculparte. Los policías tienen todas las leyes y todo el poder de su lado. Además, tienen placas, esposas y un arma. Dondequiera que creas que va tu discusión, ellos tienen la última palabra.

Una disculpa puede sacarte del apuro.

Puedes cambiar tu historia cuando llegues a casa.

O puedes conseguir un abogado. Es más barato disculparse.

Los suegros

Si no los tienes ahora, vendrán algún día y los vas a mo-
lestar. Tal vez sea a propósito. Tal vez no.

Prepárate.

Los clientes

Todo el mundo dice: "El cliente siempre tiene razón."

Bueno, todos sabemos que eso no es cierto.

Pero a veces con los clientes tenemos que fingir.

Con los clientes, disculparse no es más que otra forma de hacer la pelota.

Hazlo.

Jefes

Sé inteligente. Quizá no quieras tener que rendir cuentas a un jefe, pero tampoco quieres no tener jefe—así que a veces tendrás que disculparte.

Mascotas

Son geniales. En realidad, no se enfadan contigo, y aunque lo hicieran tendrían que perdonarte—¡porque de ti viene su comida!

Por eso son los animales perfectos para practicar las disculpas. No sabrán que has "cedido."

Evaluación de daños

¿Exactamente en cuántos problemas estás metido?

Quizá una disculpa no sería para tanto si realmente te salvara el pellejo.

Algunas personas afirman con orgullo que *nunca* se disculpan.

Eso suele significar una de dos cosas.

1. O esa persona nunca se equivoca y, por tanto, nunca tiene nada por lo que disculparse...

...o

2. Esa persona es un imbécil.

Así que, si *nunca* te disculpas—piensas que eres la persona número 1—a veces te preguntarás por qué estás enfadado la mayor parte del tiempo.

La respuesta es que en realidad eres la persona número 2.

Naturalmente, tú no piensas que eres un imbécil, pero ¿qué piensan los demás?

¿Necesitas a esas otras personas? ¿Nunca?

¿Te gustaría no estar enfadado la mayor parte del tiempo?

¿Cansado de discutir?

Quizá te estés preguntando: "¿Por qué está todo el mundo tan enfadado?"

Bueno, ¿tienes problemas con tu madre, y con tu padre, y con tu hermano, y con tu hermana, y con tu abuela, y con tu abuelo, y con tu profesor, y con tu entrenador, y con tus amigos, y con tus compañeros de equipo, y con tus vecinos, e incluso con tus mascotas?

Tal vez seas tú.

Sí, si tienes problemas con *todo* el mundo, probablemente seas tú.

Tal vez sea hora de disculparse.

¡Definitivamente eres *tú!*

¡Empieza a disculparte!

Éste es el pequeño y sucio secreto de las disculpas. No tienes que decirlo en serio.

Deberías decirlo en serio. Es mucho mejor si lo dices en serio, pero no es necesario.

¿Por qué fingir? Porque necesitas seguir con tu vida. Necesitas que la tonta disputa termine.

Todas las disculpas te aportan los mismos beneficios—tanto si las dices en serio como si no—excepto uno. Tranquilidad.

Tanto tú como la persona con la que te has disculpado pueden seguir adelante. Pueden continuar su relación.

Tú, sin embargo, seguirás sintiéndote un poco mal. Puedes vivir con ello. Pero, hay una pequeña sensación persistente de que las cosas todavía no están del todo bien.

Es tu decisión. Nadie más lo sabrá.

Tal vez.

O, simplemente supéralo. Discúlpate.

Es verdad. No tienes que decirlo en serio. Es una estrategia, una forma de seguir adelante con tu vida sin que queden malos sentimientos entre ustedes.

Sí, es un compromiso—un compromiso que tú no quieres. Pero sin ella, las cosas son peores que la propia disculpa.

Curiosamente, una disculpa—por horrible que parezca—no rebaja la opinión que la otra persona tiene de ti. Puede sorprenderles. Puede impresionarle. Puede que piense que eres mejor persona de lo que pensaba.

Sólo tú sabrás que es mentira y que en lo más profundo de ti se esconde la secreta aversión a toda esa idea. Sólo tú sabrás que sigues lleno de malos sentimientos y que no te estás curando en absoluto.

Sólo estás siendo práctico. Sigues adelante con tu vida y necesitas que esta relación vuelva a estar donde estaba antes de que se hirieran los sentimientos. Seguirás pensando que tenías razón, pero eso puede cambiar con el tiempo.

El perdón

Se habla mucho del perdón, pero no es algo que se encuentre muy a menudo.

Es diferente de pedir perdón. En realidad no es más difícil, pero siempre parece que lo es.

El perdón no es para la persona a la que perdonas.

El perdón es para ti.

Significa que por fin dejas atrás todos esos malos sentimientos que te han estado molestando. Significa que puedes seguir con tu vida.

Y, si vuelves a meterte en problemas, también tendrás una vía para dejarlos atrás.

Para perdonar, hay que hacerlo en serio.

Empieza poco a poco

Mascotas. Bebés. ¿Tal vez una roca? O un árbol. Una flor. Eso es, discúlpate con una flor.

Susurra. Repite. ¿Más alto?

Una flor ni siquiera está escuchando. Y ciertamente no se lo dirá a nadie.

Tu secreto está a salvo. Puedes preparar tu disculpa—sin tener que presentarla. Es una buena práctica.

Y las flores también huelen bien.

No como el idiota con el que estás enfadado.

Vaya. Esa fue una mala elección.

Lo siento. (¿Ves cómo funciona?)

43

¿Y si rechazan tus disculpas?

Golpéalos.

No, espera. Mala idea. Tienes la moral alta—valga lo que valga.

Asiente. Luego sonríe. Luego vete mejor por ello.

Sabrás que has ganado.

Y ellos también.

¿Cómo te disculpas?

Vas a odiar esto—pero es lo que tienes que hacer.

Pide perdón.

Di específicamente lo que hiciste mal o lo que te hizo daño.

No pongas excusas. No culpes a nadie.

Di que no volverás a hacerlo.

Cuando lo hayas hecho varias veces, ya no te parecerá tan horrible. Y puede que veas que supone una diferencia para los que te rodean. Con el tiempo, puede que tú también te sientas mejor. Pero por ahora, sólo tienes que acabar con ello.

Por extraño que parezca, no hay grandes disculpas ni en la historia ni en la literatura ni en la vida. Eso se debe a que las grandes historias necesitan conflicto, y las disculpas lo reducen. Las disculpas evitan que las cosas empeoren.

Pero hay muchas disculpas que no se han pedido.

Se llaman discusiones.

O peleas.

O enemistades.

O guerras.

La guerra de Troya. No pidieron perdón.

La Primera Guerra Mundial. Nadie se disculpó.

La Segunda Guerra Mundial. De nuevo, nadie se disculpó.

Quizá sea hora de empezar a disculparse.

Así que inténtalo.

Hazlo de una vez.

Sólo recuerda.
Disculparse es gratis.
Los resultados no
tienen
precio.

Espero que este libro te ayude.

Si not—

— ¡Lo siento!

Fin

Sobre el autor

Jimmy Huston es natural de Athens, Georgia, y vive en Woodland Hills, California, con su mujer y su perro. Guionista y director de cine en alguna ocasión, se disculpa sinceramente por todos sus libros tontos.

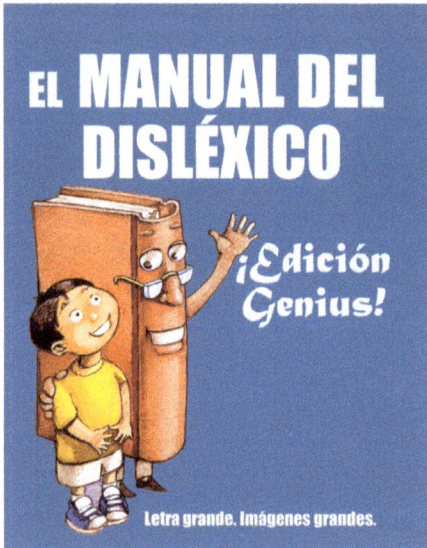

¿Quién* compra libros para un niño con dislexia?

Dar un libro de autoayuda a un niño disléxico es como ofrecer un vaso de agua a alguien que se está ahogando.

Así que pide que alguien te lo lea para escucharlo y pensar sobre él – y mira los dibujos.

Este libro también está disponible en Audible como audiolibro. (Tendrás que imaginarte las fotos.)

* Alguien que se preocupa.

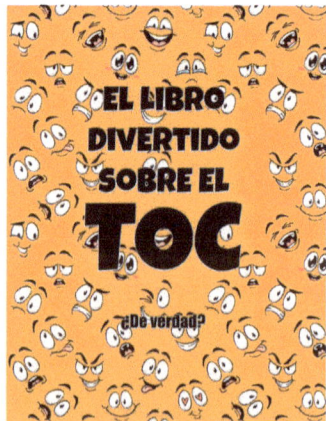

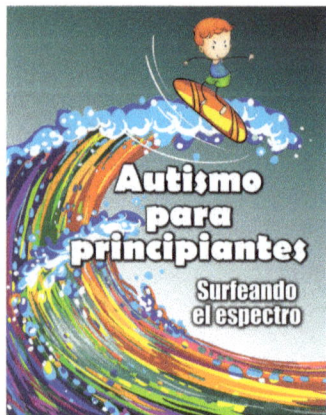

Más libros de Cosworth Publishing
www.cosworthpublishing.com

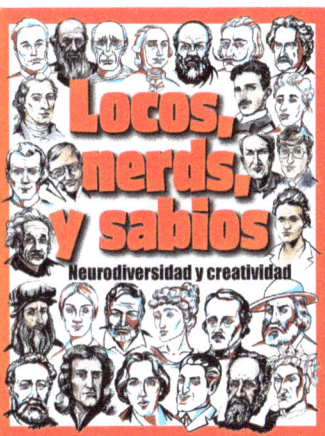

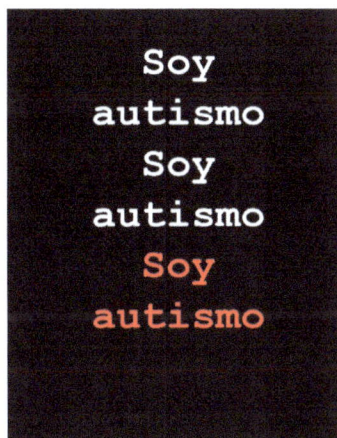

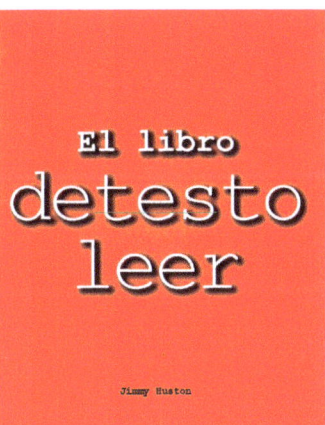

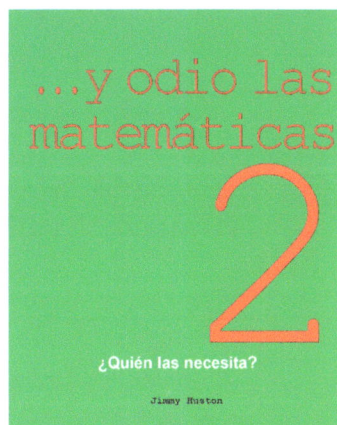

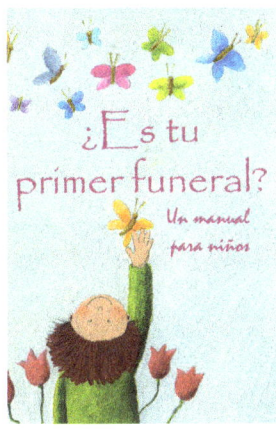

Locos, nerds, y sabios
Neurodiversidad y creatividad

¡GROSERÍAS para NIÑOS!
Etiqueta para los Profanos

Soy autismo
Soy autismo
Soy autismo

El libro detesto leer
Jimmy Huston

La primera disculpa es la peor
Acabemos de una vez

...y odio las matemáticas 2
¿Quién las necesita?
Jimmy Huston

El asombroso, estupendo, extraordinario y algo inusual LIBRO GIRATORIO
No necesita pilas

¿Es tu primer funeral?
Un manual para niños

¿Por qué mi mamá no puede pasar más tiempo conmigo?

ENCUÉNTRALO ALLÁ DONDE ODIEN LOS LIBROS

Si estás leyendo esto, este libro no te va a gustar.

No es para ti.

Este libro es para las personas que no lo están leyendo.

A ellos tampoco les gustará, pero es corto.

Eso les gustará.

El libro
detesto
leer

Jimmy Huston

En español y inglés.

"En realidad no leí este libro. Si lo hubiera leído me habría encantado — pero nunca lo haré."   Billy

"La palabra odio no alcanza. Detesto leer. Ni siquiera me gusta mirar los dibujos - que además no tiene."   Wally

"Esto no es lo que escribí sobre este estúpido libro."   Zane

"Este es un gran libro para la mesita, si tu mesita odia leer."   Solomon

"Este libro hizo llorar a mi profe."   David

"Mi hijo amó este libro. Dijo que estaba delicioso."   Sr. Jones

"ESTE LIBRO ES TAN ESTÚPIDO QUE HASTA YO PODRÍA HABERLO ESCRITO."   Jimmy

www.i-hate-to-read.com

Más libros de Cosworth Publishing
www.cosworthpublishing.com

¡Ese extraño angelito!

La prueba de la serpiente

☐ ¿Verdadero? ☐ ¿Falso? ☐ ¿Tal vez?

El primer manual de instrucciones del bebé

PG-½

Cómo ser el centro del universo

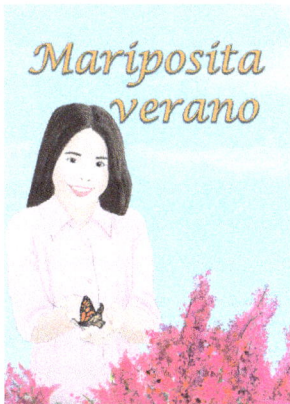

Mariposita verano

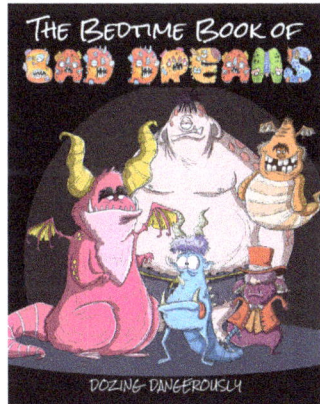

THE BEDTIME BOOK OF BAD DREAMS

DOZING DANGEROUSLY

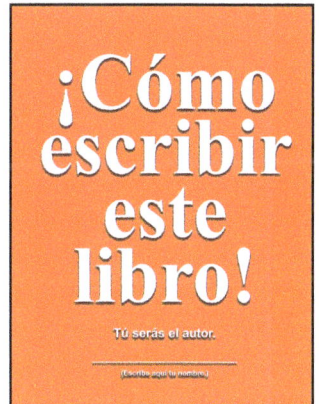

¡Cómo escribir este libro!

Tú serás el autor.

(Escribe aquí tu nombre.)

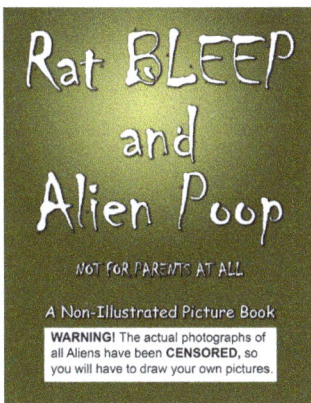

Rat BLEEP and Alien Poop

NOT FOR PARENTS AT ALL

A Non-Illustrated Picture Book

WARNING! The actual photographs of all Aliens have been CENSORED, so you will have to draw your own pictures.

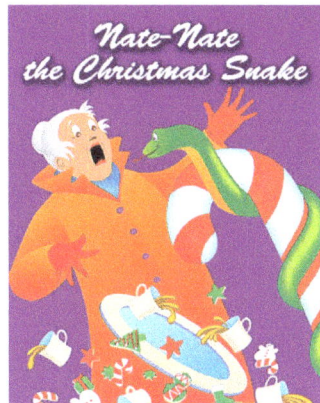

Nate-Nate the Christmas Snake

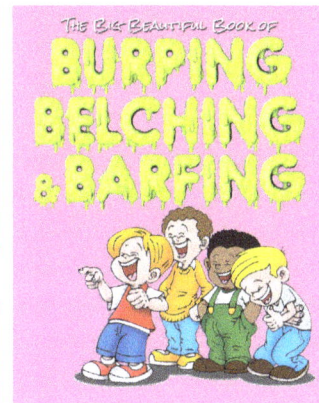

THE BIG BEAUTIFUL BOOK OF BURPING BELCHING & BARFING

www.ingramcontent.com/pod-product-compliance
Lightning Source LLC
Chambersburg PA
CBHW052123030426
42335CB00025B/3084